AF497842

LE JUGEMENT DE PÂRIS,

PASTORALE HEROIQUE,

REMISE AU THEATRE

Le Mardi quinziéme Juillet 1727.

Le prix est de 40. sols.

A PARIS,

Chez la Veuve de PIERRE RIBOU, seul Libraire de
l'Académie Royale de Musique ; ruë & vis-à-vis
la Comedie Françoise, à l'Image S. Loüis.

M. DCC. XXVII.

Avec Approbation & Privilege du Roi.

ACTEURS ET ACTRICES CHANTANS

dans tous les Chœurs du Prologue & de la Pastorale.

COSTE' DU ROY.	COSTE' DE LA REINE.
Mesdemoiselles	*Mesdemoiselles*
De Kerkoffen.	Millon.
Dun.	La Roche.
Antier-C.	Tettelette.
Julie.	Charlard.
Dutillier.	Petitpas.
Souris-C.	
Messieurs	*Messieurs*
Le Myre-L.	Dun pere.
Morand.	Bremond.
Valantier.	Saint Martin.
Bertin.	Buzeau.
Corail.	Deshais.
Houbeau.	Flamand.
Duchesne.	Dupleßis.
Dautrep.	

ACTEURS CHANTANS
DU PROLOGUE.

JUPITER,	Mr. Lemyre.
L'AMOUR,	Mlle Julie.
L'HYMEN,	Mr Dun.
LA DISCORDE,	Mr. Cuvillier.
Troupe de Dieux & Déesses.	

ACTEURS DANSANS
DU PROLOGUE.

Suite de Comus.

Messieurs Dangeville, Picar, Savar, Camargo.
Mademoiselle Menès.
Mesdemoiselles Pety, Thibert, Delisle-C., Durocher.

PROLOGUE.

PROLOGUE.

Le Théatre represente le Mont Pelion, où tous les Dieux
sont assemblez pour celebrer les Nôces de Thetis
& de Pelée.

SCENE PREMIERE.

JUPITER, JUNON, VENUS,
PALLAS, THETIS, PELE'E,
& tous les autres Dieux & Déesses.

CHOEUR.

Hantons un Hymen glorieux,
Qu'à nos Concerts l'Echo réponde.
Du cœur de la Reine de l'Or.
Un Mortel est victorieux ;
Qu'ils donnent des Heros au Monde
Qui soient dignes du Sang des Dieux.

JUPITER.

Animez-vous, Troupe immortelle ;
Pour ces tendres Amants que l'Hymen rend heureux
Faites éclater votre zele ;
Rassemblez les Ris & les Jeux.

Pour les plus doux Plaisirs qu'à l'envi tout s'aprête:
N'eſt-ce pas parmi nous qu'ils doivent ſe trouver !
Comus a commencé la Fête ;
Terpſicore va l'achever.
On danſe.

SCENE II.

L'HYMEN, L'AMOUR,

& les Acteurs de la Scene précedente.

L'HYMEN.

JE triomphe en cet heureux jour ;
De deux tendres Amants je vais finir les peines.

L'AMOUR.

J'ai formé leurs premieres chaînes ;
Je dois triompher à mon tour.

ENSEMBLE.

Dieu jaloux, s'il faut vous en croire
C'eſt vous ſeul qui formez les plus aimables nœuds,
Pourquoi me diſputer la gloire
De rendre les Amants heureux ?

L'AMOUR.

De deux cœurs formez l'un pour l'autre,
C'eſt vous ſeul qui troublez la Paix :
Mon Flambeau s'éteint pour jamais
Dès que vous allumez le vôtre.

L'HYMEN.

Ceſſez de m'accuſer d'éteindre les ardeurs
Que vous allumez dans les cœurs :

Je voudrois les rendre éternelles ;
Mais fitôt que je l'entreprends,
Vous en infpirez de nouvelles ;
Et vous faites plus d'infidelles
Que je ne fais d'indifferents.

ENSEMBLE.

Qu'un fi beau jour nous réüniffe ;
Formons les nœuds les plus charmants :
Pour joüir d'un bonheur qui jamais ne finiffe,
Puiffent tous les Epoux être toûjours Amants.

On danfe.

L'AMOUR.

Jeunes cœurs, il faut qu'on aime
Pour goûter le bien fuprême :
Jeunes cœurs il faut qu'on aime,
Ce bien feul les raffemble tous.

Que fans ceffe
L'Amour vous bleffe ;
Aimez fes traits, rien n'eft fi doux.
Jeunes cœurs, il faut qu'on aime
Pour goûter le bien fuprême :
Jeunes cœurs, il faut qu'on aime,
Ce feul bien les raffemble tous.

Douce Flâme,
Plaifir des Ames,
On ne peut être heureux fans vous,
Jeunes cœurs, il faut qu'on aime
Pour goûter le bien fuprême :
Jeunes cœurs, il faut qu'on aime,
Ce feul bien les raffemble tous.

 PROLOGUE.
UNE SUIVANTE DE VENUS.
Que l'Hymen a d'aimables chaînes
Que l'Amour en forme les nœuds !
Il fait briller le jour heureux
Qui doit recompenser les peines ;
L'Amour inspire les désirs,
L'Hymen assûre les plaisirs.

Le Théatre s'obscurcit, on entend un bruit sourd qui s'aug-
mente à mesure que ce qui le cause s'approche.

JUPITER.
Quelle sombre vapeur s'éleve jusqu'aux Cieux !
Quel bruit ! c'est donc ainsi qu'on respecte les Dieux !
De nouveaux Enfans de la terre
Viennent-ils sur ce Mont nous déclarer la Guerre ?
Que vois-je ? la Discorde ose aborder ces Lieux.

SCENE III.
LA DISCORDE, *& les Acteurs de la Scene précedente.*

LA DISCORDE.
Quoi ? tandis que la Thessalie
A tous les Immortels offre d'aimables Jeux :
Je suis la seule qu'on oublie
Dans les horreurs d'un Antre affreux !

JUPITER.
Va, Fille de la Nuit, fui, que rien ne t'arrête :
Ton aspect troubleroit des Plaisirs si charmants.

LA DISCORDE.
Quoi ? ne puis-je à mon tour prendre part à la Fête ?

JUPITER.
Nos Plaisirs feroient tes tourments.

LA DISCORDE.

Je fais regner par tout les horreurs de la Guerre,
Je rends les Mortels furieux;
Mais mon pouvoir se borne à ravager la Terre,
Et je n'aspire pas jusqu'à troubler les Dieux.
Auprès de vous voyez ce qui m'appelle:
Pour les Divinitez qui brillent en ces Lieux,
J'apprête une gloire nouvelle,
Recevez le Don précieux *
Je le destine à la plus Belle.

** Elle lui donne la Pomme.*

CHOEUR DE DE'ESSES.

Quel prix ! quel bonheur !
Quel comble de Gloire !
Que cette Victoire
Doit flatrer un Cœur.

LA DISCORDE à JUPITER.

Il est tems de rentrer dans la Nuit infernale,
Je laisse entre tes mains un don si pernicieux:
Et j'emporte avec moi la douceur sans égale
D'avoir banni la Paix de la Terre & des Cieux.

La Discorde s'abîme.

JUPITER.

Que je prévoi de maux ! ô Discorde cruelle !
Quoi? jusquesdans nos cœurs tu portes ton Flambeau!
Barbare; ne sors-tu de la Nuit éternelle
Que pour troubler un jour si beau
Je dois ce Prix à la plus Belle;
Mais parmi tant d'appas que je suis incertain!
Allons consulter le Destin.

Fin du Prologue.

ACTEURS CHANTANS
DE LA PASTORALE.

PARIS, *fils de Priam, crû Berger,* Mr. Thevenard.

OENONE, *fille du Fleuve Cebren,* Mlle. Pelissier.

ARCAS, *Berger,*   Mr. Tribou.

DORIS, *Bergere,*   Mlle. Antier.

MERCURE,   Mr. Grenet.

PALLAS,   Mlle. Lambert.

JUNON,   Mlle Ermans.

VENUS,   Mlle Mignier.

UNE MATELOTTE,   Mlle Antier.

UNE SUIVANTE DE LA FORTUNE,
                    Mlle Dutillier.

Troupe de Bergers & de Bergeres.

Troupe de Heros & d'Heroïnes.

Troupe de Favoris de la Fortune.

Troupe de Matelots & Matelottes.

Suite de Venus.

La Scene est dans un Hameau scitué au pied du Mont Ida.

ACTEURS DANSANS
DE LA PASTORALE.

ACTE PREMIER.

Bergers & Bergeres.

Monſieur Delaval.
Monſieur Maltaire-C., Mademoiſelle Deliſle-L.

Meſſieurs Dumoulin-L., Savar, Maltaire-L., Pierret, Tabary, Javilliers fils.

Meſdemoiſelles Duval, Lemaire, Pety, Thibert, Binet, Lamartiniere.

ACTE SECOND.

Suite de Junon.

Monſieur Blondy.

Meſſieurs Dumoulin-L., Savar, P-Dumoulin, Dangeville, Pierret, Tabary.

Meſdemoiſelles Pety, Thibert, Lemaire, Verdun, Deliſle-C., Binet.

ACTE TROISIE'ME.

Les Graces.

Mesdemoiselles Delisle-L., Duval, Thybert.

Plaisirs.

Messieurs F-Dumoulin, P-Dumoulin, Savar.

Matelots.

Monsieur D-Dumoulin.

Messieurs Dangeville, Maltaire-L., Picar.

Matelottes.

Mademoiselle Camargo.

Mesdemoiselles Pety, Binet, Durocher.

LE

LE JUGEMENT
DE PARIS,
PASTORALE HEROIQUE.

ACTE PREMIER.

Le Théatre represente un Hameau.

SCENE PREMIERE.

PARIS *seul.*

Ouvenir importun d'une Beauté fatale,
  Va, fui, laisse mon cœur en paix.
Je dois avec OEnone être uni pour jamais ;
Elle brûle pour moi d'une ardeur sans égale,
  N'a-t'elle pas assez d'attraits,
  Pour ne point souffrir de Rivale ?
Souvenir importun d'une Beauté fatale,
  Va, fui, laisse mon cœur en paix.

A

Eh! que me sert d'aimer Helene!
Je ne suis qu'un Berger, elle doit être Reine.
Peut-être en ce fatal moment,
Elle est prête à s'unir d'une éternelle chaîne
Avec un plus heureux Amant.

SCENE II.

PARIS, ARCAS.

ARCAS.

Quoi? lorsque pour vous seul on ordonne une
    Fête,
Vous nous fuyez tous! vous rêvez!
Est-ce ainsi que vous recevez
Les Jeux qu'OEnone vous apprête?

PARIS.

Helas!

ARCAS.

Vous soûpirez près de l'heureux moment
    Qui vous lie à l'Objet charmant
    Qu'il faut que votre cœur adore!

PARIS.

OEnone a mille attraits, je l'aïme tendrement.
    Que ne puis-je l'aimer encore!
En quittant ce séjour, Dieux qu'allai-je chercher!
Heureux, si j'avois sçû couler dans l'innocence,

Ces jours, ces triftes jours que l'on voulut trancher
Dès le moment de ma naiffance !

ARCAS.
Rendez-vous à vos premiers nœuds.

PARIS.
N'accable pas un malheureux.
O Deftin ! contre moi, t'armeras-tu fans ceffe ?
Pour fçavoir de quel fang m'ont fait naître les Dieux,
Je porte mes pas dans la Grece ;
Je voi, j'aime, j'adore une grande Princeffe ;
Mais à peine ai-je vû l'éclat de fes beaux yeux,
Qu'Apollon malgré ma tendreffe
M'ordonne de revoir ces lieux.

ARCAS.
De vos maux & des miens quelle eft la difference !
Tous deux infortunez depuis notre retour,
Je trouve ici de l'inconftance,
Et vous y trouvez trop d'amour.
OEnone eft trop fidelle, & Doris m'abandonne ;
L'Amour qui dans fon choix fans doute s'eft mépris
Vous devoit le cœur de Doris,
Il me devoit le cœur d'OEnone.

PARIS.
Doris vient, je vous laiffe : un témoin tel que moi
Seroit trop favorable à qui trahit fa foi.

SCENE III.

ARCAS, DORIS.

DORIS à part.

POur éprouver Arcas je suis réduit à feindre,
L'exemple de Pâris me donne trop à craindre.

ARCAS en s'approchant.

Contraignons mon juste couroux.

DORIS à part.

Il approche, retirons-nous.

ARCAS.

Inhumaine Doris, me fuiras-tu sans cesse ?

DORIS.

Laisse-moi, je n'écoute rien.

ARCAS.

Quoi ? ne puis-je obtenir un moment d'entretien ?

DORIS.

Cet entretien n'a rien qui presse.

ARCAS.

Songe avec quel regret je quittai ce séjour.

DORIS.

Qu'on a peine à quitter l'Objet de son amour !
Dans ce triste moment on languit, on soûpire.

Quelquefois après le retour,
On n'a rien à se dire.
ARCAS.
Quand tu vois mon empreſſement,
Peux-tu douter de ma tendreſſe ?
DORIS.
Ah ! que le moindre éloignement
Donne une juſte défiançe
Pour le cœur du plus tendre Amant !
Qui peut ſe reſoudre à l'abſence
N'eſt pas bien loin du changement.

ARCAS.
De mon départ tu veux me faire un crime ;
Mais tu ſçais pour Pâris le zele qui m'anime.

DORIS.
Moi ! je ne te reproche rien.

ARCAS.
Ah ! je ſuis trop heureux !
DORIS.
                    Tu ne m'entends pas bien.

Se plaindre de l'indifference,
C'eſt dire qu'on aime toujours.
Non, ne te flatte pas de la douce eſperance
De te voir reprocher de ſi foibles amours :
Se plaindre de l'indifference,
C'eſt dire qu'on aime toujours.
                              A iij

ARCAS.

Tu ne m'aimes-donc plus ? quel prix de ma conf-
tance !

DORIS.

Je vois avec Pâris OEnone s'avancer ;
Laiffons-les un moment ; les Jeux vont commencer,
Ils demandent notre préfence.

> *Elle s'en va.*

ARCAS.

Faut-il encor que je fuive fes pas ?
Que ne puis-je oublier fes dangereux appas !

SCENE IV.

PARIS, OENONE.

OENONE.

VOus allez voir bientôt la Fête que j'ordonne
Pour celebrer votre retour.
Au plaifir de vous voir ici tout s'abandonne,
Bergeres & Bergers, dans ce charmant féjour,
Tout femble pour Pâris avoir les yeux d'OEnone.

PARIS.

Heureux Aziles de la Paix
Que votre doux afpect me flatte !
Lieux tranquiles, Lieux pleins d'attraits,
Où pour moi tant d'amour éclatte,
Devois-je vous quitter jamais ?

OENONE.

Pâris, que j'aime à vous entendre !
Quel fort heureux fuccede à nos triftes adieux !
L'Amour vous ramene en ces Lieux ;
L'Amour vous y faifoit attendre.

PARIS.

Mon cœur ne fut jamais plus tendre.
Les Dieux . . . .

OENONE.

Je vous en crois, fans attefter les Dieux.

Lorfque l'Amour eft extrême,
Par de doux empreffemens
Il s'exprime affez lui-même :
Un regard de ce qu'on aime
Tient lieu de mille fermens.

Vous connoiffez mon cœur, tout m'affûre du vôtre,
Et mon Pere approuve nos feux :
Il eft tems que l'Hymen ferre de fi beaux nœuds ;
Qu'il nous uniffe à jamais l'un à l'autre.

PARIS.

O Ciel !

OENONE.

Vous vous troublez !

PARIS.

Prêt d'être votre Epoux !
Je devrois me livrer aux transports les plus doux,
Cependant . . . .

OENONE.

Achevez.

PARIS.

Plus le moment approche,
Plus en secret je me reproche
D'être si peu digne de vous.

OENONE.

Qu'osez-vous dire ?

PARIS.

Un Dieu vous donna la naissance,
Et la mienne est encor un mystere pour moi.

OENONE.

Le sort entre deux cœurs ne met point de distance,
Quand l'Amour les unit sous une même Loi.

ENSEMBLE.

Amour, c'est de ta loi suprême
Que j'attends mon suprême bien ;
Unis-moi seulement avec l'Objet que j'aime ;
A tous les autres Dieux , je ne demande rien.

SCENE V.

SCENE V.

PARIS, OENONE,

Troupe de Bergers & de Bergeres.

CHantons, animons nos Musettes;
Pâris est de retour, l'Amour regne en ces Lieux.
Ce Berger si cher à nos yeux
Ramene les Plaisirs dans ces douces retraites.
Chantons, animons nos Musettes;
Pâris est de retour, l'Amour regne en ces Lieux.

On danse.

UN BERGER.

Dans ces Lieux loin des allarmes,
Nous goûtons les charmes
De la Paix:
Sort heureux, ne finis jamais.
Bruits de Guerre,
Vous troublez la Terre;
Mais nos Bois sont en repos:
Bruits affreux, n'éveillez pas nos Echos.
Dans ces Lieux loin des allarmes,
Nous goûtons les charmes
De la Paix:
Sort heureux, ne finis jamais.

B

UNE BERGERE.

Regne toujours dans nos Bocages,
Amour, lance de nouveaux traits,
Et ne souffre dans nos Forêts
D'insensibles, ni de volages.
Soutiens tes droits, vange tes nœuds,
Triomphe, prends soin de ta gloire :
Mais use bien de ta victoire,
Et n'enchaîne les cœurs que pour les rendre heureux.

UN BERGER.

Fui loin de nous,
Severe Sagesse ;
Fui, rien n'est si doux
Qu'un trait d'amour qui nous blesse.
A tes rigueurs faut-il qu'on immole
Les plus beaux jours
Qu'on doit aux Amours ?
Rien n'en console
Dès qu'il sont perdus ;
Tous les regrets sont superflus.
Le Tems s'envole
Et ne revient plus.

PARIS.

Mon cœur ne peut suffire à ma reconnoissance :
Mais Mercure vers nous s'avance.

SCENE VI.

*MERCURE, & les Acteurs de la Scene
précedente.*

MERCURE à *Pâris.*

Apprends à quel sort glorieux
T'éleve le Maître des Dieux.
Il remet en tes mains une illustre querelle :
Arbitre entre Pallas & Junon & Venus,
    Donne ce Prix à la plus belle :
    Ce sont de Jupiter les ordres absolus.

PARIS.

Sur l'honneur d'un tel choix je dois regler mon
    zele.

On entend un bruit de Trompettes.

Quel bruit fait retentir ces lieux ?

MERCURE.

C'est Pallas qui descend des Cieux.

SCENE VII.

PALLAS, LA VICTOIRE, LA GLOIRE.

Troupe de Heros, & d'Héroïnes.

PARIS, OENONE, *Troupe de Bergers & de Bergeres.*

CHOEUR *de Heros & d'Héroïnes.*

Courons, volons à la Victoire;
Les grands Cœurs sont faits pour la Gloire.

OENONE.

Quels chants viennent troubler nos Concerts les
   plus doux !
Nos Bois sont-ils faits pour Bellonne?
Allons, Bergers éloignons-nous.

PALLAS.

Demeurez, Pallas vous l'ordonne;
Je ne viens point bannir le repos de ces Lieux;
C'est le plus cher present des Dieux.
La Victoire est soûmise à mon obéïssance;
Mais le bonheur du monde a pour moi plus d'attraits.

Pallas protege l'innocence,
Et Pallas fait regner la Paix.

Eclattez, bruyantes Trompettes,
Animez les cœurs des Heros :
Resonnez, charmantes Musettes,
Chantez les douceurs du repos.

PARIS.

Au seul nom de Heros, un nouveau feu m'en-
    flâme ;
La Gloire en ce moment remplit toute mon ame.
O Pallas, soûtenez une si belle ardeur,
Apprenez-moi, pour ranimer mon cœur
Quel est le sang qui m'a fait naître.

PALLAS.

Sans exposer tes jours, tu ne peux te connoître.
Fais ton destin toi-même en marchant sur mes pas ;
    Mais dans ton sort quand Pallas s'interesse,
    Songe au juste retour que tu dois à Pallas.
      Rien n'est si beau que la sagesse,
    Couronne ses divins appas.

PARIS.

Ah ! répondez au desir qui me presse.

PALLAS.

Je t'en ai dit aſſez.

PARIS.

Je ne vous quitte pas.

OENONE.

Demeure cher Pâris. Helas! il m'abandonne.
C'en eſt fait, je le perds, peut-être ſans retour ;
Il ne ſe ſouvient plus de ſa fidelle Oenone :
   La Gloire l'arrache à l'Amour.

Fin du premier Acte.

ACTE SECOND.

Le Theatre represente un Ruisseau formé par le Fleuve Scamandre.

SCENE PREMIERE.

OENONE *seule.*

Uisseau, qui tant de fois sur tes Rives fleuries
De deux tendres Amans réunis les Trou-
     peaux,
Le tems heureux n'est plus, où le bruit de tes Eaux
    Flattoit mes douces rêveries.
    Je crains le plus grand des malheurs;
Réponds par ton silence à ma douleur profonde;
    Arrête le cours de ton Onde,
Et ne sois attentif qu'à voir couler mes pleurs.

SCENE II.
OENONE, DORIS.

OENONE.

ET bien, auprès de moi Pâris vient-il se rendre ?
Pourquoi revenois-tu sans lui ?
Autrefois il daignoit m'attendre ;
C'est moi qui l'attends aujourd'hui.

DORIS.

De son retardement pourquoi lui faire un crime ?
C'est Pallas qui l'arrache aux transports les plus
doux ?
Un Amant que la Gloire anime
N'en est que plus digne de vous :
Bientôt vous l'allez voir paraître.

OENONE.

Ne puis-je me résoudre à ne le voir jamais ?
Je vois que pour l'Ingrat mes yeux n'ont plus d'at-
traits,
Cependant de mon cœur il est encor le maître.

J'ai vû tantôt son embaras ;
Qu'on se plaît en aimant à se tromper soi-même !
Son trouble, ses sermens, que je n'exigeois pas,

Tout

Tout devoit m'affûrer de mon malheur extrême :
Mais tout paroît amour dans un Ingrat qu'on aime.

DORIS.

Quoi ? ce même Pâris autrefois fi charmé
Cefferoit de répondre à l'ardeur la plus tendre !

OENONE.

C'eft à moi que je dois m'en prendre :
Je crains de l'avoir trop aimé.

A peine il m'eut juré des ardeurs éternelles
Que mon cœur s'empreffa de répondre à fes feux :
Amour, ne fais que des cruelles,
Si les Amants les plus heureux
Doivent être les moins fideles.

Mais c'eft mon Ingrat que je voi,
Il rêve ! ah ! ce n'eft pas à moi.

SCENE III.

PARIS, OENONE, DORIS.

PARIS sans appercevoir OEnone.

P Allas fur mon deftin garde encor le filence !
Eft-ce affez de m'ouvrir un chemin glorieux ?

OENONE à part.

Le cruel ! quelle indifference !
Il ne s'apperçoit pas qu'OEnone eft en ces Lieux.
Fuyons.

PARIS.

Mais j'apperçois OEnone ;
Approchons. Elle fuit ! où portez-vous vos pas ?

OENONE.

Va, retourne auprès de Pallas,
Laiffe-moi fuir qui m'abandonne.

PARIS.

Se peut-il que Pallas vous allarme en ce jour ?

Entre la Gloire & l'Amour
Souffrez que je me partage.
Ce n'eft pas être volage
Que les fuivre tour à tour.
Entre la Gloire & l'Amour
Souffrez que je me partage.

OENONE.

Dieux ! puiſſai-je n'avoir jamais
D'autre Rivale que la Gloire !
Non, ce n'eſt pas à ſes divins attraits
Que je prétends diſputer la Victoire,
Mais je ſens dans mon cœur mille troubles ſecrets.
Je crains, helas ! je crains ce que je n'oſe croire.
Dieux ! puiſſai-je n'avoir jamais
D'autre Rivale que la Gloire !

PARIS.

Et quelle autre Rivale... ô Ciel ! que dites-vous ?
D'où peut naître ce ſoin jaloux
Quand le bruit éclattant des Armes
Arrache un tendre Amant à l'Objet de ſes vœux ?
La gloire lui prête des charmes
Pour mieux mériter d'être heureux :
Mais la Beauté qu'il abandonne
Peut s'aſſûrer d'un prompt retour ;
Il ne vôle aux Champs de Bellonne
Que ſur les aîles de l'Amour.

OENONE.

Non, vous ne m'aimez plus, mon malheur eſt ex-
trême.
Depuis votre retour je vous cherche en vous-même,
Vous n'avez plus pour moi ce tendre empreſſement
Qui faiſoit mon bonheur ſuprême :
Je revois en vous ce que j'aime ;
Mais je n'y vois plus mon Amant.

PARIS.

Songez quelle eſt la Gloire où mon deſtin m'appelle;
Eſt-ce à moi de la négliger ?

OENONE.

Je voi ton cœur prêt à changer;
Que me ſert ta Gloire nouvelle ?
Peut-elle me dédommager
D'une ardeur autrefois ſi belle ?
Mon Amant n'étoit qu'un Berger;
Mais ce Berger m'étoit fidele.

PARIS.

Laiſſez-moi m'occuper le reſte de ce jour
Du ſoin où Jupiter m'engage.

OENONE.

Pourquoi? faut-il, Ingrat, que ton cœur ſe partage
Quand le mien eſt tout à l'Amour ?
Tu ne me réponds rien ? ce reproche te bleſſe;
Je voi ton embarras, tu détournes les yeux.
Va, c'eſt trop te gêner, fui.

PARIS.

Moi ! que je vous laiſſe !

OENONE.

Plus tu demeures en ces Lieux,
Plus tu joüis de ma foibleſſe.

Ma fierté devant toi ne peut que ſe trahir:
Tu lui fais trop de violence;

Et tu m'ôtes par ta préſence
La liberté de te haïr.
Fuis , encore une fois, va , ton aſpect m'offenſe.
PARIS ſort.

SCENE IV.

OENONE, DORIS.

OENONE.

IL fuit ,

DORIS.
Vous l'ordonnez ,
OENONE.
Devoit-il m'obéïr ?
DORIS.
Arcas paroît , ſouffrez que je l'évite :
OENONE.
Pourquoi fuïr un fidele Amant ?
DORIS.
S'il eſt vrai que Pâris vous quitte ,
Ne dois-je pas d'Arcas craindre le changement ?
Il approche , fuyons.
OENONE.
Doris, il faut l'entendre ;
Et s'il te garde encore de fideles amours ,
Reviens auſſitôt me l'apprendre ,
J'aurai beſoin de ton ſecours.
C iiij

SCENE V.

ARCAS, DORIS.

DORIS.

ŒNone pour toi s'intereſſe :
Si je t'écoute ici, c'eſt elle qui m'en preſſe.
Je l'accorde à ſon amitié.

ARCAS.

Tu devois accorder à ma ſeule tendreſſe
Ce que j'obtiens de ſa pitié.
Ah ! Doris ſe peut-il que tu ſois infidelle,
Après m'avoir juré d'être toujours à moi ?

DORIS.

Je ne ſens point d'ardeur nouvelle.

ARCAS.

En as-tu moins trahi ta foi ?
Que devient ce ſerment d'une ardeur éternelle ?

DORIS.

Si tu te plains de ma legereté
N'en accuſe que ton abſence.
La crainte de ton inconſtance
A fait mon infidelité.

ARCAS.

Mais du moins il falloit attendre
Si tu me reverrois moins fidele & moins tendre.

DORIS.
Seroit-il tems de t'en punir ?

Quel dépit pour une Belle
De se laisser prevenir !
Tu pouvois être infidelle ,
N'ai-je pû le devenir ?

ARCAS.
C'en est donc fait , je perds toute esperance.

DORIS.
Non , n'espere point de retour.

ARCAS.
Et bien, il faut donc qu'à mon tour
Je me livre à l'indifference.

DORIS.
Crois-tu le pouvoir aisément ?

ARCAS.
Tu l'as pû sans beaucoup de peine.

DORIS.
Quoi ? tu pourrois briser ta chaîne ?

ARCAS.
Je cherche à finir mon tourment.
Mais que t'importe que je change ,
Si ton cœur n'est plus engagé ?

DORIS.
Mon cœur n'est pas assez vangé ,
Si ta constance ne le vange.

Un triomphe moins éclattant
Feroit douter de ma victoire :
Je ne veux pas qu'on puisse croire
Que je te laisse en quittant
La liberté d'en faire autant ;
Et si tu prends soin de ma gloire
Tu ne peux être assez constant.

ARCAS.

Doris, cette gloire nouvelle
Flatteroit trop ta vanité ;
C'est trop d'un Amant si fidele
Pour une volage Beauté.

Il est tems que je me dégage.

DORIS.

Quoi ? tu me ferois cet outrage !

ENSEMBLE.

Non, ne crois pas { me quitter,
{ m'arrêter,

Perds une esperance vaine
Tu ne dois pas te flatter

De pouvoir briser ma }
Que je porte encor ta } chaîne :

Non, ne crois pas { me quitter,
{ m'arrêter.

ARCAS.

ARCAS.
Pour oublier une Inhumaine,
Il faut loin de ses yeux pour jamais me bannir.
DORIS.
Sui ce fier dépit qui t'entraîne ;
Va, je t'attends pour t'en punir.

SCENE VI.

PARIS, ARCAS, DORIS.

PARIS.

ELoignez-vous, Iris vient de m'apprendre
Qu'en ces lieux Junon va descendre.

On entend gronder le Tonnerre.

Le Maître Souverain des Cieux
Nous l'annonce par son Tonnerre.
DORIS & ARCAS.
Fuyons, sauvons-nous de ces lieux.

D

SCENE VII.

PARIS *seul.*

QUe mon deſtin eſt glorieux !
Junon ne deſcend ſur la Terre
Que pour y paroître à mes yeux.

SCENE VIII.

JUNON, SUITE DE JUNON, PARIS, LA FORTUNE,

Troupe de Favoris de la Fortune.

CHOEUR.

QUe tout celébre ici la Gloire
De la Reine de l'Univers :
Qu'on prépare pour ſa Victoire
Mille nouveaux Concerts.

JUNON.

Sur la Reine du Ciel, de la Terre & de l'Onde,
Pâris, jette un moment les yeux ;
L'Hymen du Dieu puiſſant, par qui la Foudre
gronde,
Me flatte d'un prix glorieux ;
Imite le Maître du Monde :

Son choix en ma faveur a déja prononcé :
C'eſt à toi d'achever ce qu'il a commencé.

PARIS.

Je reſpecte ſa Loi ſuprême :
Mais après Jupiter eſt-ce à moi de juger ?
Quelle audace pour un Berger !

JUNON.

En te donnant ce nom, te connois-tu toi-même ?

PARIS.

En vain j'ai ſur mon ſort interrogé Pallas.

JUNON.

Elle a trop d'interêt à ne t'inſtruire pas
D'un ſort d'où dépend ma Victoire ;
Pallas ne peut t'offrir qu'une impuiſſante Gloire :
C'eſt à moi d'ouvrir à tes pas
La plus éclatante Carriere ;
Reconnois Junon toute entiere :
Et vous Divinité des Cœurs ambitieux,
Fortune, embelliſſez ces Lieux.

*Le Théatre change, & repreſente le Palais
de la Fortune.*

On danſe.

CHOEUR *de Favoris de la Fortune.*

Digne Epouſe du Dieu qui lance le Tonnerre,
O puiſſante Junon, daignez nous exaucer :

C'eſt à vous ſeule à diſpenſer
Toutes les grandeurs de la Terre.

On danſe.

UNE SUIVANTE *de la Fortune.*

Souveraine des Cieux
Daignez nous entendre!
D'un regard de vos yeux,
Notre ſort va dépendre.

Le Chœur repete ces Vers.

LA SUIVANTE *de la Fortune.*

A votre voix
La Fortune vole,
Et plus legere mille fois
Que les Sujets d'Eole,
Elle porte vos Loix
De l'un à l'autre Pole.

CHOEUR.

Souveraine des Cieux
Daignez nous entendre !
D'un regard de vos yeux
Notre ſort va dépendre.

JUNON *à Pâris.*

Tu vois l'éclat qui t'environne.
Toûs ces biens ſont à toi ; c'eſt Junon qui les donne.

P. A R I S.

Je pourrois esperer....

J U N O N.

Tu sors du Sang des Rois.

P A R I S.

Du Sang des Rois !

J U N O N.

Priam t'a donné la naissance :
Mais n'espere jamais la suprême puissance,
Si Junon ne soûtient tes droits.

P A R I S.

Ah ! par quelle reconnoissance...

J U N O N.

C'est moi qui fais les Rois ; mérite un si grand
    nom,
Et si tu veux regner, fais triompher Junon.

D iij

SCENE IX.

PARIS *seul.*

QUels mouvemens confus s'élevent dans mon
ame !
Quelle nouvelle ardeur m'enflâme !
Je pourrois disputer Helene à mes Rivaux !
Ciel ! quel bonheur ! Dieux ! quelle gloire !
Tremblez Princes, tremblez, le sort nous rend
égaux,
Et l'Amour en secret me promet la Victoire.

Fin du second Acte.

ACTE TROISIÉME.

Le Théatre represente le Rivage de la Mer du côté
que le Scamandre s'y va jetter.

SCENE PREMIERE.

DORIS *seule.*

C'Eſt par mes ſoins qu'OEnone veut ap-
   prendre,
   Si Pâris lui manque de foi :
Par mon ordre en ces lieux Arcas a dû ſe rendre ;
J'ai crû qu'il prendroit ſoin de s'y rendre avant moi :

Son peu d'empreſſement me donne tout à craindre ;
Briſeroit-il des nœuds que je n'ai pas rompus ?

Quel supplice, s'il n'aimoit plus
Lorsque je ne fais que le feindre !

Par une infléxible rigueur,
N'éprouvons jamais la constance,
Une éternelle indifference
Allarme la plus vive ardeur ;
L'Amour dans le plus tendre cœur
Ne peut survivre à l'esperance.

SCENE II.

ARCAS, DORIS.

ARCAS *à part.*

Doris m'a prévenu, que dois-je en présumer ?

DORIS *à part.*

Je vois Arcas, ma crainte cesse.

ARCAS *à part.*

Feignons pour un moment de ne la plus aimer.

DORIS.

Je me plaignois de ta paresse.

ARCAS.

Pourquoi veux-tu que je me presse
De te montrer un objet odieux ?

Mais

Mais apprends le deſſein qui m'amene en ces lieux ,
Doris, enfin je viens te dire . . . .

DORIS.

Le trouble de ton cœur qui paroît dans tes yeux
M'en dit plus que je ne deſire.

ARCAS.

Laiſſons les Diſcours ſuperflus ,
Doris, enfin je viens te dire . . . .

DORIS.

Que toujours malgré toi ton cœur pour moi ſoûpire.

ARCAS.

Oublions des liens rompus.
Doris, enfin je viens te dire . . . .

DORIS.

Et ! quoi ?

ARCAS.

Que je ne t'aime plus.

DORIS.

Arcas, cherche pour me ſurprendre
Un plus ingenieux détour ;
J'entends ce que je dois entendre ;
Non, ton cœur pour Doris n'eut jamais plus d'amour.

ARCAS.

Quoi ? tu ne m'en crois pas ? veux-tu que je le jure ?

DORIS.

Tu le jurerois vainement.

Contre ta bouche en ce moment
Ton cœur en secret me rassûre ;
Et je ne t'épargne un serment,
Que pour t'épargner un parjure.
N'ai-je pas ces mêmes attraits
Qui devoit à mes Loix t'asservir pour jamais ?

ARCAS.

Tu pouvois compter sur tes charmes,
Lorsque je comptois sur ta foi.

Si je ne t'aime plus, ne t'en prends pas à moi ;
Tu viens de me prêter des Armes
Qui me font triompher de toi :
Tu pouvois compter sur tes charmes
Lorsque je comptois sur ta foi.

DORIS.

Il est donc vrai que ton cœur change.

ARCAS.

N'en doute point mon cœur se vange.

DORIS.

Un cœur si prompt à se vanger,
N'eut jamais une ardeur parfaite.
Va, sui le doux penchant qui te porte à changer ;
Mais ne crois pas que je regrete
Un cœur si prompt à se vanger.

C'en est fait, je vais prendre une chaîne nouvelle ;

Mille autres cœurs me font offerts :
Mais apprend que j'étois fidelle ,
Pour mieux fentir ce que tu perds.
Pour t'éprouver , j'ai feint d'être Inconftante,
Je n'ai que trop bien réufli.

ARCAS.

Doris , même fuccès a rempli mon attente ,
J'ai voulu t'éprouver aufli.

DORIS.

Que m'apprends-tu ? dois-je t'en croire ?

ARCAS.

En peux-tu douter un moment ?
Ce feroit dementir ta gloire ,
Que de croire mon changement.

ENSEMBLE.

Oublions nos regrets & reprenons nos chaînes ,
Suivons nos plus tendres defirs ;
Et pourquoi nous faire des peines
Quand l'Amour à nos cœurs n'offre que des plaifirs ?

DORIS.

Pour fon amour , OEnone a tout à craindre ;
Ne pourrois-tu calmer le trouble de fon cœur ?

ARCAS.

OEnone n'eft que trop à plaindre ;
Puiffe-t'elle à jamais ignorer fon malheur !

E. ij

Elle vient, l'amitié t'engage
A lui cacher un sort qu'elle doit redouter;
Lorsqu'un Amant est volage
C'est un bien que d'en douter.

SCENE III.

OENONE, DORIS.

OENONE.

Quel est le succès de ton zele?

DORIS.

Arcas ne m'a rien déclaré.

OENONE.

Jusqu'au fond de son cœur as-tu bien pénétré?

DORIS.

Pourquoi vous faire encre une peine nouvelle?

OENONE.

Quoi? Pâris me seroit fidele!
En puis-je croire à tes discours!
Pâris me garderoit de constantes amours?

DORIS.

C'est trop le soupçonner d'avoir un cœur volage.

OENONE.

Helas ! fi ce foupçon l'outrage ,
Je le paye affez cherement ;
Il vient : que fon empreffement
Pour mon amour eft d'un heureux préfage !

SCENE IV.

PARIS, OENONE.

PARIS.

OENone, fçavez-vous quel deftin glorieux
M'annonce la Reine des Cieux ?
Junon paffe mon efperance ,
Je fors du Sang des Rois.

OENONE.

Du Sang des Rois ! grands Dieux !

PARIS.

Priam m'a donné la naiffance.

OENONE.

Priam ! que dites-vous ? vous me faites trembler :
Quel Sang ! c'eft pour le voir couler
Que Junon vous le fait connaître ;
Ignorez-vous le fort qui menace vos jours ?
Le Roi même qui vous fit naître
En voulut terminer le cours.

E iij

PARIS.

Je fçais tout ; mais rien ne m'étonne.
Eh ! qu'ai-je à redouter fi Junon eft pour moi ?

OENONE.

Et fi Junon vous abandonne
Qui pourra calmer mon effroi ?

Dieux ! faut-il qu'en un jour contre moi tout conf-
pire !
Je frémis. Prevenez un trop funefte fort.
Fuyez, fauvez-vous d'un Empire,
Où l'on a juré votre mort.

PARIS.

Moi ? fuir, quand il faut que je regne !
Non , non ; ne craignez rien , c'eft trop vous allar-
mer.

OENONE.

Barbare , apprends-moi donc à ne te plus aimer,
Si tu ne veux pas que je craigne.
Sur les Bords que mon Pere arrofe de fes Flots,
Viens joüir d'un bonheur tranquile ;
Quand le fort te pourfuit, l'Amour t'offre un azile.

PARIS.

Eft-ce à moi de languir dans un honteux repos ?

La Couronne à mes yeux fait briller trop de charmes ;

Regnons, regnons, rien n'eſt ſi beau.
Que Bellonne en ces lieux allume ſon flambeau ;
Que le Dieu terrible des Armes
Faſſe par tout & du Sang & des Larmes ;
Qu'il m'ouvre au pied du Trône un funeſte Tom-
 beau ;
La Couronne à mes yeux fait briller trop de charmes;
Regnons, regnons, rien n'eſt ſi beau.
OENONE.
Tu me vantes toujours l'éclat de ta Couronne ;
Pour toi n'eſt-il plus d'autre bien ?

Ingrat, ne comptes-tu pour rien
De regner ſur le cœur d'OEnone !
PARIS.
Helas !
OENONE.
Quelle pitié pour moi vient t'attendrir !
De ce ſoupir forcé que n'ai-je pas à craindre ?
Tu ne me plaindrois pas, ſi je n'étois à plaindre.
PARIS.
Avec vous, s'il ſe peut, je veux vivre & mourir.
OENONE.
S'il ſe peut ! ah ! cruel !
PARIS.
Si je vous abandonne,
Si jamais le deſtin l'ordonne,
Je ne ſçais qui de nous aura plus à ſouffrir.

OENONE.

Que de maux à la fois ! ô Fortune cruelle !
Est-il pour un cœur tendre un plus affreux tourment?
Mais le peril de mon Amant
Me fait presque oublier qu'il doit être infidele.

On voit paroître Venus dans une Conque marine.

OENONE *continuë.*

Je vois la Mere des Amours,
O Venus ! c'est vous que j'implore ;
Tendre Venus , sauvez ce que j'adore.

VENUS.

Va , je prendrai soin de ses jours.

SCENE V.

PARIS, VENUS, SUITE DE VENUS.

VENUS.

TOut ressent ici ma presence,
Tout y répond à mes desirs ;
Les Flots où j'ai pris la naissance,
A mon aspect , perdent leur violence.
Les plus fiers Aquilons deviennent des Zéphirs :
Vous qui suivez mes Loix , annoncez ma puissance.

CHOEUR.

CHOEUR.

Aimable Mere des Amours,
Regnez, brillez, charmez toujours.
Vous soumettez à votre Empire
Les Enfers, la Terre & les Cieux :
Vous triomphez des plus grands Dieux;
Vous faites le bonheur de tout ce qui respire.
Aimable Mere des Amours,
Regnez, brillez, charmez toujours.

Pâris répete ces deux derniers Vers.

On danse.

VENUS *à Pâris.*

De toi seul desormais dépend toute ma gloire;
Tu vas donner un prix dont je dois me flatter,
Et je paye assez cher l'honneur de la Victoire,
Quand on me l'ose disputer.

PARIS.

Je sçais l'hommage qu'on doit rendre
A des attraits toujours vainqueurs :
Venus a droit de tout prétendre ;
Elle regne sur tous les cœurs.

VENUS.

Vous qui les forcez tous à me rendre les Armes,
Volez, Jeux & Plaisirs, embellissez ma Cour;

F

Faites briller dans ce séjour
Tout ce que l'Amour a de charmes.

Les Plaisirs & les Jeux obéïssent à la voix de Venus.

Le Théatre s'embellit.

On danse.

PARIS à *Venus.*

A m'enchanter à l'envi tout conspire :
Non ; le sort d'un cœur qui soupire
Ne peut faire trop de jaloux :
Tendre Venus, rien n'est si doux
Que de vivre sous votre Empire.

VENUS.

En vain de mes faveurs ton cœur paroît charmé,
Non ; tu ne connois pas encor le bien suprême,
Il ne dépend pas d'être aimé,
Mais d'être aimé de ce qu'on aime.

PARIS.

O Enone sent pour moi la plus parfaite ardeur,
Nous devons être unis d'une éternelle chaîne.

VENUS.

Pâris, consulte bien ton cœur,
Pourras-tu te resoudre à vivre sans Helene?

PARIS.

Ciel ! quel nom me rappellez-vous !

VENUS.

Il ne tiendra qu'à toi d'être l'heureux Epoux
D'une Beauté qui n'eut jamais d'égale :
Moi-même je craindrois de l'avoir pour Rivale,
Si Pâris jugeoit entre nous.

PARIS.

Ah ! pourquoi me flatter de l'espoir le plus doux !
Mon trouble, ma langueur malgré moi vous exprime
Le penchant qui m'entraîne aux plus aimables
nœuds :
Helas, que je serois heureux,
Si je pouvois l'être sans crime !

VENUS.

C'est trop perdre en discours de précieux moments ;
Hâte-toi de former la plus aimable chaîne :
Une Epouse telle qu'Helene
Mérite des empressements.

PARIS.

C'en est fait, je me rends ; tout m'invite à vous croire,
Mais je vous dois un trop juste retour ;
Pour mon bonheur, pour votre gloire
Que tout conspire en ce grand jour :

Regnez, Belle Venus, remportez la Victoire
Sur toutes les Beautez du celeste séjour.

Habitans fortunez de ce charmant Rivage,
Venez, formez de nouveaux Jeux :
Accourez ; que tout rende hommage
A la Divinité qui va me rendre heureux.
Les Matelots du Rivage accourent à la voix de Pâris,
& viennent faire leur Cour à Venus.

UN MATELOT.

Fille de l'Onde & Mere des Amours,
Belle Venus, protegez-nous toujours.
Triomphez, charmante Déeße,
Des Vents & des Flots irritez.
Dans les cœurs que l'Amour a longtems agitez,
C'eſt par vous que l'Orage ceße.
Fille de l'Onde, &c.

On danſe.

UNE MATELOTTE.
Dieu d'Amour,
Sous tes Loix, comme ſur l'Onde,
Le Vent gronde :
Mais il vient un jour,
Où des Biens remplis de charmes,
Après mille allarmes
Ont leur tour.

Les ſoupirs
Tôt ou tard font qu'on arrive
Sur l'aimable Rive
Des Plaiſirs.

Mais, le Vent nous fut-il contraire,
Il faut toujours nous embarquer,
Qui cherche à plaire,
Doit risquer.
On danse.

Tendres Cœurs,
Quand sur l'amoureux Neptune
La Fortune
S'arme de rigueurs,
Faut-il qu'elle vous étonne ?
Le succès couronne
Les Vainqueurs.

C'est à tort
Que vous perdez l'esperance ;
La perseverance
Mene au Port

Il faut être un peu témeraire,
Quand on voit naître le danger :
Le Vent contraire
Peut changer.
On danse.

UNE MATELOTTE.
Qui s'embarque avec les Amours
Ne doit point redouter d'Orage :
C'est dans la saison des beaux jours
Qu'il faut faire un si doux voyage :

Puisse-t'il être de long cours,
Il n'en plaira que davantage.

On danse.

VENUS.

Il est tems de répondre à ton amour extrême :
Viens, traversons les Flots pour hâter ton bonheur ;
Je veux te présenter moi-même
A l'Objet qui charme ton cœur.

Venus & Pâris entrent dans la Conque marine.

CHOEUR *de Suivants de Venus.*

Venus, vous êtes triomphante ;
Que Pâris triomphe à son tour ;
Que tout célebre, que tout chante
Votre nouvelle Gloire & son nouvel Amour.
Venus, vous êtes triomphante ;
Que Pâris triomphe à son tour.

SCENE VI.

JUNON, VENUS, PARIS,
Suite de Venus.

JUNON *sur un nuage.*

Quels chants se font entendre ?
C'est trop souffrir un triomphe odieux.

VENUS.

Partons sans plus attendre.

JUNON.

Tremblez Peuples, craignez mes transports furieux;
Il est tems d'allumer le flambeau de la Guerre :
Pallas va contre vous armer toute la Terre,
Moi, je vais armer tous les Dieux.

SCENE DERNIERE.

JUNON *dans son Char.*

TOut s'aprête pour ma vangeance.
Lieu fatal, où Pâris a reçû la naissance,
Malheureux Ilion, commence de trembler,
Je vole dans les Cieux pour en faire descendre
La Foudre qui doit t'accabler.

Quel triomphe pour moi ! que de pleurs vont couler!
Que de cris vont se faire entendre !
C'en est fait, tu peris, rien ne peut te défendre.
Je voi parmi les Airs à grands Flots se répandre
Les Feux dont je te fais brûler;
Peuples, Palais, Remparts, tout est réduit en cendre.

Fin du troisiéme & dernier Acte.

APPROBATION.

J'Ai lû par ordre de Monseigneur le Garde des Sceaux , *Le Jugement de Pâris*, *Pastorale Heroïque* ; & je n'y ai rien trouvé qui doive en empêcher l'impression. Fait à Paris ce huitiéme Mai mil sept cent dix-huit. *Signé*, ROY.

PRIVILEGE DU ROY.

LOUIS par la grace de Dieu Roi de France & de Navarre: A nos amés & feaux Conseillers les gens tenant nos Cours de Parlement, Maîtres des Requêtes ordinaires de notre Hôtel, Grand Conseil, Prevôt de Paris, Baillifs, Senechaux, leurs Lieutenans Civils, & autres nos Justiciers qu'il appartiendra, Salut. Les Sieurs Besnier Avocat en Parlement, Chomat, Duchesne, & de la Val de S. Pont, Bourgeois de notre bonne ville de Paris, Nous ont fait remontrer, qu'en consequence de l'Arrêt de notre Conseil du 12. Decembre 1712. du Traité fait entre eux & les Sieurs de Francine & Dumont le 24. desd. mois & an, & de nos Lettres Patentes du 8. Janvier ensuivant, confirmatives du Traité, ils auroient acquis le Privilege de faire representer les Opera durant le tems de vingt années, à compter du 20. Aout 1712. ainsi que le Privilege de la vente des Paroles desd. Opera, lesquelles ils desireroient faire imprimer pour les donner au Public, s'il Nous plaisoit leur accorder nos Lettres de Privilege sur ce necessaires. A CES CAUSES desirant favorablement traiter les Exposans, attendu les charges dont l'Académie Royale de Musique se trouve oberée, & les grandes dépenses qu'il convient de faire tant pour l'impression que pour la gravûre en taille-douce des Planches dont ce Livre sera orné, Nous leur avons permis & permettons par ces Presentes de faire imprimer & graver les Paroles & la Musique de tous lesd. Opera, qui ont été ou qui seront representez par l'Académie Royale de Musique, tant separément que conjointement, en telle forme, marge, caractere, nombre de volumes & de fois que bon leur semblera, & de les faire vendre & debiter par tout notre Royaume pendant le tems de dix-neuf années consecutives, à compter du jour de la date desdites Presentes. Faisons défenses à toutes personnes, de quelque qualité & condition qu'elles puissent être, d'en introduire d'impression étrangere dans aucun lieu de notre obéïssance; & à tous Imprimeurs, Libraires, Graveurs, & autres, d'imprimer, faire imprimer, vendre, faire vendre, debiter, ni contrefaire lesdites impressions, planches & figures, en tout ni en partie, sans la permission expresse & par écrit desdits Sieurs Exposans, ou de ceux qui auront droit d'eux, à peine de confiscation des Exemplaires contrefaits, de six mille liv. d'amende contre chacun des contrevenans, dont un tiers à Nous, un tiers à l'Hôtel-Dieu de Paris, l'autre tiers ausdits Sieurs Exposans, & de tous dépens, dommages & interêts, à la charge que ces Presentes seront enregistrées tout au long sur le Registre de la Communauté des Imprimeurs & Libraires de Paris, & ce dans trois mois de la date d'icelles; que la gravûre & impression desdits Opera sera faite dans notre Royaume & non ailleurs, en bon papier & en beaux caracteres, conformement aux Reglemens de la Librairie, & qu'avant de les exposer en vente il en sera mis deux Exemplaires dans notre Bibliotheque publique, un dans celle de notre Château du Louvre, & l'autre dans celle de notre tres-cher & feal Chevalier Chancelier de France le Sieur Phelypeaux, Comte de Pontchartrain, Commandeur de nos Ordres, le tout à peine de nullité des Presentes, du contenu desquelles vous mandons & enjoignons de faire joüir lesd. Sieurs Exposans, ou leurs ayant cause, pleinement & paisiblement, sans souffrir qu'il leur soit fait aucun trouble ou empêchement. Voulons que la copie desdites Presentes, qui sera imprimée au commencement ou à la fin desd. Opera, soit tenuë pour düement signifiée, & qu'aux copies collationnées par l'un de nos amés & feaux Conseilliers & Secretaires foi soit ajoûtée comme à l'Original. Commandons au premier notre Huissier ou Sergent de faire pour l'execution d'icelles tous Actes requis & necessaires, sans demander autre permission, & nonobstant Clameur de Haro, Charte Normande & Lettres à ce contraires: Car tel est notre plaisir. Donné à Versailles le 20. jour d'Aout l'an de Grace 1713 & de notre Regne le soixante-onziéme. Par le Roi en son Conseil signé BESNIER avec paraphe, & scellé.

Nous avons cedé à M. Ribou le present Privilege suivant le Traité fait avec lui le 17. Juillet dernier 1713. A Paris le 22. Aout 1713. Signé BESNIER.

Regiſtré ſur le Regiſtre avec la Ceſſion, n. 3. de la Communauté des Libraires & Imprimeurs de Paris, page 648. n. 741. conformément aux Reglemens, & notamment à l'Arrêt du 3. Aout 1703. Fait à Paris ce 11. Septembre 1713. L. Jossa, Syndic.

A PARIS. De l'Imprimerie de J. B. LAMESLE, ruë de la vieille Bouclerie au bas de la ruë de la Harpe, à la Minerve. 1727.